ARIES HORÓSCOPO 2023

Alina A. Rubi

Alina Rubi

ISBN: 9798838997173

Publicado Independientemente

Astróloga: Alina A. Rubi

Edición: Alina A. Rubi y Angeline A. Rubi

rubiediciones29@gmail.com

¿Quién es Aries?

Fechas*: 21 de marzo – 19 de abril*

Día*: Martes*

Color*: Rojo*

Elemento*: Fuego*

Compatibilidad*: Leo, Libra, Sagitario y Acuario*

Símbolo*:* 

Modalidad*: Cardinal*

Polaridad*: Masculina*

Planeta regente*: Marte*

Casa*: 1*

Metal*: Hierro, acero*

Cuarzo*: Jaspe rojo, Rubi*

Constelación*: Aries*

Personalidad de Aries

El signo de Aries es el primero del zodiaco, estas son las personas que siempre se proyectan hacia el futuro, pero teniendo en cuenta las experiencias del pasado.

Las personas con gran concentración de energía ariana en sus cartas natales son activas y enérgicas. Siempre están en movimiento, son muy independientes y son líderes por excelencia.

Les gusta tomar la iniciativa y competir con otros para poner a prueba sus habilidades. Suelen manifestar lo competentes que son en situaciones de emergencia, ya que es ahí donde pueden probar sus energías.

Los Aries no andan con rodeos, van directo al grano y tienen una voluntad de acero para asumir riesgos con mucho coraje, ya que tienen mucha confianza en sí mismos. Las dificultades para ellos no existen, y siempre están llenos de optimismo ante cualquier reto que la vida les ponga delante; los motiva explorar territorios desconocidos y empezar proyectos desde cero, aunque usualmente pierden la motivación una vez que pasa la primera fase.

Necesitan metas que perseguir en las que invertir sus energías, aunque no son persistentes. Su agresividad es una de las características que los ayuda en algunas situaciones, pero en otras los aniquila porque los ciega. Comparten el optimismo y entusiasmo característicos de los otros signos de fuego: Leo y Sagitario.

Es considerado el signo más enérgico del zodiaco, siempre dispuestos a luchar contra cualquier obstáculo que se interponga en su camino, no se aferran al pasado, ni se calientan la cabeza pensando en las cosas que no tienen solución.

Sus características positivas más sobresalientes son la alegría, el optimismo, la autonomía, fuerza, iniciativa y el desinterés.

Ser tercos es una de sus debilidades, no son fáciles de convencer, aunque se lo demuestres, son muy persistentes. Cuando se ponen en este estado son poco flexibles y egocéntricos. Si algo o alguien se atraviesa en su camino y les despierta sospechas o los molesta, enseguida cambiarán de humor y no cederán fácilmente.

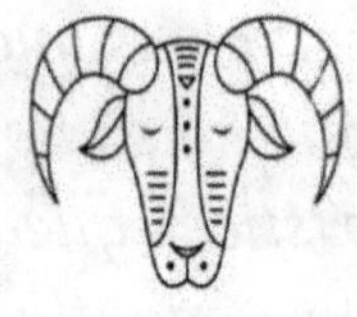

Horóscopo General de Aries

General

Aries comienzas un nuevo capítulo en tu vida en el 2023. Con tu entusiasmo, y con Júpiter, el planeta de la suerte en tu signo hasta Mayo del 2023, todos los proyectos que inicies te traerán éxito y prosperidad. Al comenzar este nuevo ciclo existe la probabilidad de que cambies de profesión, o trabajo.

Debes disfrutar de tu suerte y demostrar que estás a la altura de todas las oportunidades que llegan a tu vida. Es conveniente que estés listo para actuar cuando lleguen las oportunidades.

Si necesitas ayuda pídesela a tus colegas o familiares. Este año tienes una misión que cumplir y ganarás muchas experiencias, no permitas que te juzguen, trata de hacerlo todo bien para que no des lugar a esto. Trata de darle estructura a tu vida, así motivarás a los demás. Planifícate y utiliza estrategias nuevas. No te pierdas en cosas triviales, trata de ser asertivo y no procrastines.

A medida que comienza el año, hay una actividad cósmica muy fuerte en puntos importantes de tu carta natal. Júpiter transita por tu signo, este es el momento perfecto para nuevos comienzos, proyectos, oportunidades y viajes. Puedes aprovechar la oportunidad de realizar cualquier cosa nueva y tomar la iniciativa para lo que quieras. Puedes ser más optimista sobre la vida y sentirte bien acerca de tus posibilidades. Plutón está socavando tu área de la profesión liberándote de proyectos que no tienen propósito.

El primer Eclipse del año sucede en tu signo el 20 de abril, este es el primer eclipse solar en tu signo desde marzo del 2006, tendrás que proponerte metas más sólidas. Este eclipse sucede en un lugar sensitivo, por esa razón tiene una energía más alta de lo usual.

Existe la probabilidad que te sientas motivado o quizás anticiparte a eventos futuros para después no preocuparte. No permitas que los locuras sean tu ruina. Un eclipse solar parecido sucedió en la misma posición en tu signo en abril del 2004, mira qué sucesos pasaron en tu vida en aquel momento para que tengas una idea de lo que pudiera suceder ahora.

Amor

La aventura es sinónimo de tu nombre este año si estás buscando la pareja ideal. Júpiter en Aries este año está activando la búsqueda de tu llama gemela. Tú estado de ánimo será excelente si estás soltero, y crearás momentos exclusivos.

Tu naturaleza afable te pondrá en el entorno de potenciales parejas de todos las esferas de la vida. Una de esas personas cautivará tu corazón, y lo pondrás en un pedestal cuando sientas que el nivel de certidumbre y tolerancia es mutuo.

Notablemente, estarás en una exploración para descubrir los hábitos y los atributos que posee esa pareja potencial, y a medida que la vas conociendo, absorberás con fascinación toda la fidelidad y el romance que te ofrece esta persona.

Tu espíritu ardiente ambiciona compartir amor con alguien compatible, que por supuesto debe ser tolerante y complaciente contigo. De todos modos, aunque tu eres super rápido para irritarte, esta persona te enseñará a calmarte, y podrán reconciliarse y disfrutar de muchos momentos de amor.

El asteroide Ceres transita por tu área de las relaciones, a principios del 2023. Este tránsito te dará una ayuda para que seas más cariñoso y responsable con las personas que forman parte de tu vida, podrás nutrir tus relaciones si estás en pareja. Estarás muy preocupado por las personas más cercanas, tanto personales como profesionales, y tratarás de sentir que estás obteniendo algo importante de ellas.

Ceres hará su movimiento retrógrado desde febrero hasta finales de marzo en esta zona, y este puede ser un período que te brinde la oportunidad de reflexionar sobre qué necesitas mejorar, o qué necesitas dejar ir.

Venus también pone a prueba tus relaciones en el 2023 cuando transite retrógrada por tu área del amor, esto sucede después de la primera mitad de mayo hasta julio. Este tránsito provocará rupturas o conflictos que tendrás que resolver. También puedes desarrollar una tendencia a las relaciones secretas. Disfruta, pero no descuides otras áreas de tu vida que demandarán mucha atención de tu parte.

Examina profundamente si te conviene entregarte a la pasión desenfrenada o si es preciso moderarla.

Concéntrate en comunicarte correctamente y en tener relaciones sanas. De esta forma todo fluirá y no crearás karma. Los movimientos retrógrados son excelentes para reconectarse con las relaciones que se han descuidado recientemente.

Ceres regresa a tu sector de las relaciones desde finales de junio hasta la mitad de septiembre, para hacer las correcciones que se quedaron pendientes. Marte, se da un paseo desde finales de agosto hasta mediados de octubre, por tu área del amor, y te sentirás motivado a comprometerte.

El 14 de octubre, un eclipse solar llega a tu área del compromiso regalándote oportunidades para nuevas relaciones, renovar las existentes o conocer personas nuevas. Con este Eclipse existe la posibilidad de que te ofrezcan un segundo trabajo. Es posible que se te presenten oportunidades que impliquen trabajar para o con otros.

Otro Eclipse, pero este es Lunar, ocurre en tu sección del amor el 5 de mayo. Si tienes problemas enterrados en tu subconsciente este es el momento perfecto para enfrentarlos, específicamente los relacionados con la intimidad. Sentirás la necesidad de alejarte de una persona con quien ya no tienes conexión, y debes hacerlo si deseas avanzar en tu camino.

Tendrás la oportunidad de afianzar tus vínculos emocionales desde septiembre a noviembre cuando Marte tu planeta regente y Ceres, vuelvan a transitar tu área relacional.

Aries, aunque no has tenido los mejores momentos en el amor recientemente, ya que tuviste que poner a un lado las relaciones para ocuparte del trabajo y otros asuntos importantes, este año 2023 va a hacerte sentir la dimensión real de tu aislamiento.

Es mandatorio que vuelvas a conectarte con tus amigos, tu pareja, y las personas que necesitas a tu lado. Trata de reconstruir aquello que dejaste a un lado.

Economía

Ser el centro de atención no es tu parte más fuerte, sin embargo, tendrás mucho éxito en tu área profesional cuando presentes tus ideas creativas. Tus planes serán tan solidos que todos los que te rodean se arriesgarán a invertir contigo.

Descubrirás estrategias para solidificar tus proyectos y tendrás habilidades que nadie tiene en los negocios. Solo recuerda que ser impulsivo es tu punto débil, por esa razón sigue adelante, pero no actúes precipitadamente. Si caes en la trampa de tus impulsos deberás empezar de cero cada proyecto y te atrasarás.

Aquí la clave es terminar lo que empieces, un día a la vez, una cosa a la vez. No alimentes muchas ideas nuevas que te hagan perder de vista tus objetivos. Si esto sucediera te pondrás agresivo con tus colegas de trabajo y con tu familia.

Será un año muy próspero para ti. Tú ya has experimentado un poco de carencia los dos años anteriores, y ahora ya conoces como debes comportarte y ahorrar.

Plutón estará transitando por tu área profesional, se siente duro porque ya lleva casi diez años allí, se va a final de marzo por un rato, vuelve a entrar a mediados de junio, y se queda durante el resto del 2023. Ya debes saber que Plutón lo que quiere es que te definas, por eso te revuelca la vida, porque quiere que cambies de dirección y aclares tus objetivos. Sino lo has hecho en la última década, te esperan transformaciones importantes a nivel profesional.

Mercurio está retrógrado a principios del 2023, hasta mediados de enero en tu sección de la profesión, y estará retrógrado brevemente a mediados de diciembre. Esto puede engendrar energías para que realices cualquier cosa que aún no hayas conseguido.

Los tres periodos retrógrados de Mercurio de este año afectan tu área profesional, y por ende tus finanzas. Plutón quiere que tomes más control, y Mercurio te ayudará a coger las riendas o destruirte. Tradicionalmente, esta es una buena oportunidad para hacer un cambio de profesión, buscar formas de ganar más dinero o cambiar los horarios de trabajar.

Cuídate de fraudes y conflictos con las autoridades en tu lugar de trabajo. La permanencia no es típica de los retrógrados, aunque te sientas feliz en la forma que está tu vida en esa área, trata de concentrarte en hacer ajustes pequeños. Si detestas lo que haces, probablemente lo aborrezcas aún más. Sé inteligente al respecto.

El asteroide Ceres en movimiento retrógrado también influye en tu área económica desde finales de marzo hasta principios del mes de mayo, se junta con Mercurio en esta tarea y todas estas energías harán que no te sientas concentrado en lo que haces.

Probablemente sentirás también que no te pagan lo suficiente o lo que te mereces por tu trabajo, o que te están dando un exceso de responsabilidades. Cualquier cosa que estes haciendo con disgusto se verá afectada.

Marte viene a auxiliarte en la economía desde mediados de julio hasta finales de agosto, y te dará la energía que necesitas para buscar un trabajo que te guste o entusiasme. Es perfecta esta vibración para nuevos proyectos y oportunidades de trabajo.

De todos modos, económicamente obtendrás mucha ayuda económica con Júpiter moviéndose por tu área de las finanzas a mediados de mayo. Júpiter se une a Urano en Tauro, que ha estado en ese punto desde hace algunos años.

Urano te ha empujado a hacer grandes cambios, y Júpiter llega ahora a recompensarte por tus esfuerzos. Verás muchas sorpresas agradables financieras por el trabajo que has hecho correctamente, y los proyectos que han estado paralizados se moverán. Debes ser inteligente y cauteloso cuando Mercurio retrógrado transite por tu área de las finanzas a finales de abril hasta mediados de mayo.

Un Eclipse Lunar el 28 de octubre pone a temblar tu economía. Si actuaste irreflexivamente, este puede ser un momento de adversidades, no obstante, con el favor de Júpiter, probablemente no sea nada grave.

Las personas que no tengan empleo no deben perder las esperanzas si no encuentran trabajo, pues las cosas están bastante flojas a nivel general. Tendrán más oportunidades después de julio por lo que deben tener los ojos abiertos a las ofertas que se publiquen.

Lo que deben hacer es aprovechar ese tiempo para tomar clases que les abran más puertas en el mercado laboral. Su economía en general se afianzará durante este año, y podrán darse pequeños gustos, y además pagar las mensualidades sin estresarse.

Familia

Las relaciones familiares se verán comprometidas, si quieres evitar dificultades es importante tener un diálogo sincero, haciéndoles entender a los demás que tú no estás en condiciones de cumplir todos los reclamos. Los amigos te ayudarán a comprender este momentos que estás viviendo y te propondrán compartir con ellos tus experiencias. A pesar de necesitar momentos de soledad para meditar, busca tiempo para aceptar su compañía. No te arrepentirás.

Marte en el área familiar desde mediados de marzo hasta mediados de mayo, te hará sentir motivado para concentrarte en la familia. Posiblemente desees pasar más tiempo en casa, mudarte, redecorar o renovar.

Si tienes hijos, Venus retrógrada de mediados de mayo a mediados de julio en el sector que rige a tus hijos, lo harás más rebeldes, y necesitarás mucha paciencia. Es probable que necesiten tu apoyo para un problema retador, y tú puedes ayudarlos a sentirse más protegidos.

Salud

Estarás propenso a peleas que te crearán stress, y mucha frustración, sobre todo a principios de año cuando Marte retrógrado juegue con tu mente.

Es posible que debas enfrentar problemas mentales, o traumas del pasado. Marte estará haciendo de las suyas en esta área hasta finales de marzo. Después tendrás tiempo para reponer tu mente, y restaurar tu enfoque positivo.

A mediados de noviembre, Marte, y Mercurio parcialmente retrógrado en tu área de la mente, te regalan energías para grandes ideas, proyectos y optimismo. Con Mercurio retrógrado, necesitarás distancia mental de los demás. Neptuno ha estado en este área por un tiempo y continuará ayudándote a conectarte con tu mente subconsciente, y a soltar el pasado. Tu intuición será fuerte. Saturno transita a esta esfera en los primeros días de marzo y se quedará el resto del año. Piensa seriamente como lidiar con tus sombras y soltar un poco de equipaje. Saturno en esta área es una etapa para una limpieza profunda de tu mente y alma. Enfócate en comprender tu pasado.

La salud física en general es buena, pero puedes reforzarla dándole más atención a tus huesos. Quizás es conveniente que hagas una visita a un quiropráctico. Es primordial que tu columna vertebral y la postura general estén bien alineadas.

Consejos

Debes despojarte de cosas o concepciones que ya no funcionen. Desecha tus convencionalismos familiares o culturales que, en una etapa, te fueron entregados pero que ya no funcionan.

No temas cuestionar. Es válido ser inexperto en la vida, pero si no preguntas las personas aceptarán que sabes algo que no es real, y luego fallarás por incompetente. Cuando desconozcas la respuesta de algo, pregunta siempre. Por simple que sea la pregunta, no temas nunca querer aprender más.

Debes cuidarte las espaldas porque enemigos ocultos pueden estar socavando tus planes y procurando dañar tu imagen. Si tienes problemas o algún otro asunto que frene tu avance profesional es el momento de enfrentarlo.

Descansa lo suficiente, una mente cansada es una mente inútil. La economía personal es importante así que debes instruirte cómo hacer un plan de ahorros, y por supuesto cumplir el cabalmente. Ten cuidado con la especulación bursátil durante este año, protégete.

Es importante que pienses seriamente en la forma de cuidar tu salud y tus hábitos alimenticios, deja un poco el alcohol, y tabaco. Si no lo haces en el tiempo que Saturno transite por tu casa de la salud, el planeta del karma te pasará la cuenta. No te ates a tus costumbres arcaicas, incorpora las reformas necesarias y asúmelas con confianza.

Horóscopos Mensuales de Aries 2023

Enero 2023

Empiezas el mes, y el año, regular porque tú planeta regente Marte, está retrogrado. Habrá muchos conflictos en tu hogar que obstaculizarán los lazos familiares. Después del 18 todo comienza a arreglarse y te sentirás más aliviado. Trata de no discutir con tu pareja porque si no las cosas se agravarán. Al final, todos tenemos diferentes opiniones y el hecho que compartan la vida, no significa que no tengan vida propia.

Vivirás noches de sexo y pasión si estás soltero, después del 11, y te sentirás en las nubes con tanto amor y erotismo.

Tienes muy buenas posibilidades de obtener un trabajo nuevo si empiezas a buscar después del 18. También cualquier negocio o proyecto que estaba paralizado se va a completar y te sentirás muy feliz, además de que ganarás mucho dinero.

De todos modos, debes estar con los ojos abiertos porque hay otras oportunidades de negocios en tu camino, vas a recibir las señales, pero si estás entretenido no te darás cuenta.

A finales de mes las cosas se complican para los que están en pareja por un asunto profesional, quizás tengan que separarse por un tiempo y esto creará un poco de caos ya que el amor a distancia los hará meditar acerca de la relación y los problemas que tienen y han ignorado. Trata de ser paciente porque todas las parejas tienen problemas, aprovecha la distancia para mejorarte físicamente, así tu pareja te encontrará más atractivo cuando regrese.

Debes cuidar lo que comes porque estás en riegos de que se descompense tu presión arterial. No quieras llevar tu cuerpo al mismo ritmo que tu mente que eso es imposible.

Debes tener paciencia porque hay muchos retos los próximos meses, así que acostúmbrate a ser tolerante.

Números de la suerte

12, 23, 35, 39, 42

Febrero 2023

El amor de pareja debe ser una carga compartida. No debes estar pensando que las cosas que te pasaron en el pasado se van a repetir ahora. Si sientes que tienes traumas que vienen del pasado quizás sea hora de ir a una terapia, o practicar la meditación para que limpies tu subconsciente de todo eso que te tiene la mente nublada con tantos celos. Después del 5 de febrero tu pareja puede querer separarse porque la tienes agobiada con tanto control.

Confiar es la primera regla para estar comprometido, sino tienes que estar solo. Lo que estás haciendo es egoísmo debes eliminar todos esos fantasmas de tu mente para que seas feliz.

Muchos problemas entre los familiares de tu pareja y los tuyos porque no se ponen de acuerdo para algo que tiene que ver con las dos familias después del 14, quizás algo relacionado a donde pasar el día del amor y la amistad.

Finalmente se pondrán de acuerdo y la pasarán super bien.

Si estás soltero y andas saliendo con más de una persona, ten mucho cuidado porque una situación difícil está en tu camino. Las dos personas pudieran encontrarse por algún error tuyo al conciliar las citas. Quizá se aparezcan en tu casa y pases un susto grande.

Debes recordar que no tienes la razón en todo cuando suceda un problema con un colega de trabajo a final de mes Aprende a oír consejos y controla esa tendencia de querer ganar siempre.

Te viene muy bien regalarte un masaje o ir a la playa para que botes un poco de energía tóxica. Respirar el aire del mar será una medicina perfecta para tu estrés.

Debes tener muy claro en tu mente de lo que deseas para tu vida porque si no te propones metas nunca llegarás a ningún lugar.

Te llegará un dinero producto de una especulación, un aumento de sueldo, o quizás de algún juego de azar. No lo gastes porque se avecinan tiempos un poco tensos en el área de las finanzas.

Números de la suerte

3, 14, 19, 22, 37

Marzo 2023

Necesitas estar tranquilo, este mes estás comenzando a presentar patrones de ansiedad, por asuntos que no has podido resolver. Si te pones descompensado terminarás afectando la relación con tu pareja, y con tus colegas de trabajo.

Gasta un poco de energía limpiando tu hogar, una limpieza energética es la recomendada. También enciende una vela blanca en la puerta de tu casa y verás como te empiezas a sentir mejor.

Ya este mes estás menos restrictivo y controlador en el amor, y también más considerado. Ya tienes más deseos de compartir, aprovecha y sale a cenar con tu pareja, pasen noches románticas después del 15 que los planetas los están bendiciendo.

Si estás planificando tener hijos este mes es ideal, así que planifica noches de erotismo y pasión para que puedas concebir un hijo con mucho amor.

Recuerda que siempre es saludable admirar el paisaje que te rodea, siempre puedes encontrar belleza, incluso mirando las estrellas de noche.

Hay cambios y trastornos, en tu vida a final de mes, debes cuidarte de accidentes. Si esto sucediera mantente tranquilo porque no será nada grave.

En tu lugar de trabajo hay unos cambios que pueden afectarte porque van a cambiar las personas de autoridad. Tu cállate la boca y no hagas ningún comentario porque estás en peligro de que te involucren en un comentario que en el futuro te puede afectar.

La salud debes cuidarla, evita cambios drásticos de temperatura porque tus pulmones se pueden enfermar. Es necesario que analices lo que comes. Una dieta balanceada se impone para que controles el colesterol.

Trata de divertirte con tus amigos, planifica reuniones en tu casa.

Si estás soltero tienes oportunidades de amor en el trabajo, el tradicional romance de oficina.

En el área de los negocios, tu paciencia será puesta a prueba a final del mes ya que un proyecto no avanza con la rapidez que tú quisieras. No hay mucho que puedas hacer al respecto, continuar trabajando es la solución.

Números de la suerte

15, 21, 32, 36, 41

Abril 2023

Le das prioridad a tu pareja este mes. La pondrás en un pedestal con tantas atenciones, y ella se sentirá muy halagada.

Si estás soltero tienes oportunidades de conocer a alguien que puede ser tu alma gemela. Quizás sea alguien relacionado a tu profesión o talvez la conozcas en las redes sociales.

Si has estado pensando en pedir algún tipo de préstamo o crédito, es probable que recibas una respuesta negativa.

No debes comenzar ningún negocio nuevo hasta el próximo mes, y tampoco invertir grandes cantidades de dinero. Te sentirás tentado a hacer gastos extras que no están dentro de tu presupuesto, siempre piensa: me gusta, lo quiero, pero no lo necesito.

Recuerda que para triunfar debes mantenerte enfocado.

Números de la suerte

9, 14, 19, 23, 65

Mayo 2023

Empiezas el mes con rapidez y con la energía de un super héroe. Debes seguir tus corazonadas, combínalas con esta energía y tendrás mucho éxito en un proyecto que se ha estado demorando.

Puedes controlar tu destino, crear las condiciones que necesitas, los resultados serán positivos después de la segunda mitad del mes. Tampoco te excedas en querer controlarlo todo, porque esto puede traer problemas domésticos.

Si estás soltero, el amor te rastrea ardientemente y a final de este mes, te encontrará. Es probable que encuentres el amor en grupos benéficos o religiosos, o como voluntario en una causa justa que crees.

El aspecto financiero es excelente a final del mes y tu intuición continúa fuerte. Momentos de cambios importantes, no solo cuentas con la posibilidad de mejorar tu situación económica, sino de ganar en seguridad personal.

Apuesta a tu creatividad, todo está a tu favor, pero no corras riesgos innecesarios, ya que tu carácter es proclive a eso.

Canaliza tu energía haciendo ejercicios, pero cuida tus huesos. Si te dan dolores de cabeza puede ser que estes desarrollando migrañas.

La sombra de la infidelidad aparece de nuevo en tu cabeza. No obstante, tu pareja tiene mucha paciencia y será tolerante contigo.

Si planificaste un viaje puede haber retrasos o cancelaciones. No tienes por qué alarmarte, este cambio no te afectará, al contrario, es positivo que haya sucedido.

Números de la suerte

7, 11, 13,26,40

Junio 2023

Te darán muchos deseos de salir y visitar nuevos lugares, hacer nuevas amistades y divertirte. Es un mes estimulante, lleno de dedicación a las cosas que te agradan.

Te liberarás de las presiones, y también aumentará tu interés por tu desarrollo interior. Tu creatividad estará en la cima y tendrás muchas ideas de cómo hacer negocios que te pueden traer muchas ganancias en el futuro. El entusiasmo te escoltará en todo lo que ejecutes y esto te asistirá a vencer cualquier reto.

Si necesitas ayuda en el trabajo, puedes pedírsela a tus colegas, y si los demás te la piden ayúdalos. No te mezcles en luchas de poder ya que terminarás en un poderoso conflicto con un feroz enemigo que te puede hacer la vida bien amarga.

Planifica un descanso para pensar en lo que quieres hacer, después del 22 e incluye en tus planes medidas rigurosas en el manejo de tus gastos.

Es fundamental que no mezcles los asuntos personales con el trabajo. No permitas que tus emociones nublen tu razón, si sucede, perderás mucho dinero.

Si asimilas esto el horizonte estará más despejado para ti y sabrás exactamente qué hacer.

Números de la suerte

6 - 22 - 30 - 33 - 35

Julio 2023

El amor y el dinero te persiguen este mes, y después del 3 serás bendecido por los planetas. Tu pareja estará un poco complicada en el trabajo y esto puede crear conflictos en el hogar porque tendrás que ocuparte de las tareas domésticas.

Este mes debes tener cuidado con todos los documentos que firmes. Hay personas en tu lugar trabajo que intentarán hacerte una trampa para perjudicarte porque sienten envidia de tu personalidad activa. Tu mejor defensa es ser tolerante, pero de todos modos vigila lo que firmes.

Después del 19 tendrás deseos de mejorar tu apariencia física, quizás quieras planificar una cirugía estética, o cambiar tu armario de ropa. Cualquier compra que realices en este periodo será excelente.

Debes aprender a escuchar más a las personas que están a tu alrededor, quizás son personas con más experiencia que quieren ayudarte a que no cometas los errores que ya ellos cometieron.

Si estás soltero este mes es la oportunidad perfecta para hacer las preguntas adecuadas a esa persona que estás conociendo. Probablemente te darás cuenta de que no tienen tantas cosas en común y esto te decepcione, pero no te preocupes que tu alma gemela está en camino.

Comienza a hacer planes para coger unas vacaciones el próximo mes, sino tienes pareja puedes irte con tus amigos.

Recuerda no dejar de hacer las cosas que te gustan solo porque tu pareja o familiares te lo han pedido. El amor no se trata de prohibir al otro disfrutar de las cosas que ama, sino de fortalecer los talentos.

Números de la suerte

10 - 13 - 26 - 28 - 30

Agosto 2023

Los primeros quince días del mes estarás muy nervioso porque tienes mucho trabajo y te quieres ir de vacaciones a final de mes.

Piensa y evalúa correctamente cada paso que des, cuando no puedas hacer las cosas solo, busca el consejo de tus amigos, que estarán a tu lado durante todo este mes.

No es un mes de mucha compresión entre las parejas ya establecidas, ya que están expuestos a vivir aventuras secretas.

Es importante, para los que ya tienen establecida una relación de tiempo que piensen dos veces antes de dar un paso en falso.

Los solteros disfrutarán de aventuras y romances pasajeros, no se olviden de las medidas de protección sexual porque pueden contaminarse con una enfermedad venérea.

En cuanto a las finanzas no te desanimes, ni pierdas la paciencia. Trata de ser precavido y no te arriesgues, así no sufrirás decepciones.

Algunas amistades que ya no te convienen se van de tu vida.

Es importante que aprendas a conocer bien a las personas antes de recibirlas con tanta alegría.

Alguien que quieres mucho está pensando en hacerse daño físico, quizás quiera llamar la atención, pero no dejes de darle importancia, siempre debes preocuparte por la seguridad de las personas que amas.

.

Números de la suerte

1 - 4 - 12 - 19 - 20

Septiembre 2023

En este mes deberás mantener la calma. Es posible que te enredes en una situación muy complicada, no significa que tendrás problemas graves, de hecho, es algo que podrás solucionar porque no tienes nada que ver en el asunto.

No es un buen mes para confesarle el amor a esa persona que te gusta. Esa persona no siente lo mismo que tú y te sentirás muy triste si lo haces. No debes atreverte a decir lo que sientes, al menos este mes.

Un cambio a nivel subconsciente sucederá en ti, debido a asuntos emocionales, y familiares.

Los aspectos planetarios son espectaculares para la compra o la venta de una casa.

Olvida ese proyecto que no resultó, es mejor que voltees la página y botes el libro, quizás debas descansar por un tiempo y dejar los negocios o concentrarte en otro tipo de trabajo.

Estás esperando una respuesta de algo que te prometieron y eso te pone ansioso. Sin embargo, esa noticia que tanto ansias no llegará hasta el próximo mes. Debes estar muy tranquilo porque tú has hecho todo lo que estaba a tu alcance para obtener lo que deseas, ahora es el momento de dejar las cosas en manos del destino y enfocarte en otras metas. Lo que deseas llegará en el momento apropiado.

Números de la suerte

15 - 22 - 24 - 29 - 31

Octubre 2023

Las especulaciones son muy favorables este mes, pero nunca actúes ciegamente.

Lograrás aumentar tu autoestima y ganar experiencias.

En el amor, tu pareja te pedirá definiciones. Tu pareja desde hace tiempo ha dicho su deseo de tener hijos y consolidar la relación. Tú has respondido con evasivas, sin embargo, este mes te exigirá una respuesta.

Es probable que te sientas atraído por la espiritualidad.

También tendrás que enfrentarte a temas de tu vida que quizás has tratado de esconderlos y que te están controlando. Todo se resuelve en el momento que logres identificar de qué y asumas que no tienes culpas de ninguna clase.

Al final del mes recibirás una invitación formal para salir con amigos que será muy beneficiosa para generar nuevos contactos.

Si piensas que tienes una mala racha o suerte, realiza actividades que te indiquen lo contrario.

Te llega la noticia de que te van a devolver un dinero que te deben.

Números de la suerte

11 - 12 - 14 - 20 - 31

Noviembre 2023

Este mes tienes que estar fuerte porque eras tú el manipulado emocionalmente por tu familia. Trata de estar tranquilo y escucharlos pacientemente sin dejarte manipular.

No seas tan exigente contigo mismo porque esto te puede causar mucho estrés. También debes cuidarte de dolores articulares, y esto sucede porque el cuerpo te pide descanso.

Existen varias formas de relajarse, hacer ejercicios es la principal, pero meditar es importante.

La intuición que tienes te ayudará a generar dinero, si te sigues guiando por ella tendrás bastante éxito.

A finales de mes una persona que tiene mucho prestigio quiere compartir sus éxitos contigo. Te invitará a salir, no se trata de una salida romántica, sino de un momento de hablar de negocios. Debes ponerte al día con la tecnología para que tus negocios continúen creciendo, trata de pasar cursos idóneos que puedan contribuirte con nuevas ideas.

Algunos que llevan mucho tiempo con sus parejas se sentirán aburridos y aunque la relación está estable, extrañas la pasión del principio. Las relaciones se basan en etapas y todas tiene sus cosas buenas, disfruta de todo lo que la vida te regala para que compartas con esta persona.

Números de la suerte

7 - 9 - 10 - 29 - 32

Diciembre 2023

El amor entre tus padres y hermanos estará muy complicado por asuntos financieros. Los disgustos, especialmente después del 5, serán el plato fuerte de tu vida.

Estás en un momento económico estable, pero pronto llegarán algunas deudas típicas del fin de año. Organiza tu economía y podrás enfrentar cualquier escenario que se presente.

Si estás conociendo a alguien no tengas miedo decir la verdad a la persona que estás tratando, quítate las máscaras, y si por casualidad le has ocultado algo, es momento de ser sincero y dejar en sus manos la decisión de continuar.

Los frutos de tu trabajo empiezan a progresar y ampliarse, es posible que veas que las vida tiene muchas más cosas buenas en el camino para ti.

Un viejo amor del pasado podría causarte un problema cuando aparezca inesperadamente en una fiesta en la que estarás con tu pareja.

Si quieres mantener una buena salud debes tomar más agua para que se limpie tu sistema. Debes mantener tus emociones controladas para que tus patrones de sueño no pierdan el ritmo. Respira aire puro.

A final del mes y del año no prestarás atención a algunas cosas importantes porque te dejarás llevar por el espíritu de las fiestas.

Aléjate de todo aquello que te distrae, de los fantasías sociales, utiliza tu poder mental para hacer crecer tu camino. Concentra tus fuerzas y energías en obtener la abundancia que te mereces.

Números de la suerte

1 - 12 - 19 - 20 - 21

Las Cartas del Tarot, un Mundo Enigmático y Psicológico.

La palabra Tarot significa "camino real", el mismo es una práctica milenaria, no se sabe con exactitud quién inventó los juegos de cartas en general, ni el Tarot en particular; existen las hipótesis más disímiles en este sentido.

Algunos dicen que surgió en la Atlántida o en Egipto, pero otros creen que los tarots vinieron de la China o India, de la antigua tierra de los gitanos, o que llegaron a Europa a través de los cátaros. El hecho es que las cartas del tarot destilan simbolismos astrológicos, alquímicos, esotéricos y religiosos, tanto cristianos como paganos.

Hasta hace poco algunas personas si le mencionabas la palabra 'tarot' era común que se imaginaran una gitana sentada delante de una bola de cristal en un cuarto rodeado de misticismo, o que pensaran en magia negra o brujería, en la actualidad esto ha cambiado.

Esta técnica antigua ha ido adaptándose a los nuevos tiempos, se ha unido a la tecnología y muchos jóvenes sienten un profundo interés por ella.

La juventud se ha aislado de la religión porque consideran que ahí no hallarán la solución a lo que necesitan, se dieron cuenta de la dualidad de esta, algo que no sucede con la espiritualidad. Por todas las redes sociales te encuentras cuentas dedicadas al estudio y lecturas del tarot, ya que todo lo relacionado con el esoterismo está de moda, de hecho, algunas decisiones jerárquicas se toman teniendo en cuenta el tarot o la astrología.

Lo notable es que las predicciones que usualmente se relacionan al tarot no son lo más buscado, lo relacionado al autoconocimiento y la asesoría espiritual es lo más solicitado.

El tarot es un oráculo, a través de sus dibujos y colores, estimulamos nuestra esfera psíquica, la parte más recóndita que va más allá de lo natural. Varias personas recurren al tarot como una guía espiritual o psicológica ya que vivimos en tiempos de incertidumbre y esto nos empuja a buscar respuestas en la espiritualidad.

Es una herramienta tan poderosa que te indica concretamente qué está pasando en tu subconsciente para que lo puedas percibir a través de los lentes de una nueva sabiduría.

Carl Gustav Jung, el afamado psicólogo, utilizó los símbolos de las cartas del tarot en sus estudios psicológicos. Creó la teoría de los arquetipos, donde descubrió una extensa suma de imágenes que ayudan en la psicología analítica.

El empleo de dibujos y símbolos para apelar a una comprensión más profunda se utiliza frecuentemente en el psicoanálisis. Estas alegorías constituyen parte de nosotros, correspondiendo a símbolos de nuestro subconsciente y de nuestra mente.

Nuestro inconsciente tiene zonas oscuras, y cuando utilizamos técnicas visuales podemos llegar a diferentes partes de este y desvelar elementos de nuestra personalidad que desconocemos. Cuando logras decodificar estos mensajes a través del lenguaje pictórico del tarot puedes elegir que decisiones tomar en la vida para poder crear el destino que realmente deseas.

El tarot con sus símbolos nos enseña que existe un universo diferente, sobre todo en la actualidad donde todo es tan caótico y se les busca una explicación lógica a todas las cosas.

Cuatro de Oros, Carta del Tarot para Aries 2023

Llegará la tranquilidad a tu vida. Podrás tener paz y una vida organizada. Sabrás cómo cuidarte y eso te ayudará a mantenerte sano. Predice un buen equilibrio de dinero, de hecho, si tienes un presupuesto organizado te ayudará a mantener una estupenda estabilidad económica, alcanzando como resultados muchas ganancias. Es el período perfecto para un negocio ya que la suerte está de tu lado.

Runas del Año 2023

Las runas son un conjunto de símbolos que forman un alfabeto. "Runa" significa secreto y simboliza el ruido de una piedra chocando con otra. Las runas son un legendario método visionario y mágico.

Las runas no sirven para predicciones exactas, pero sí para orientarte sobre un hecho futuro, un tema o una decisión. Las runas tienen un significado específico para la persona que lo desee, pero también algún mensaje relacionado con las adversidades que se presentan en la vida.

Fehu, Runa de Aries 2023

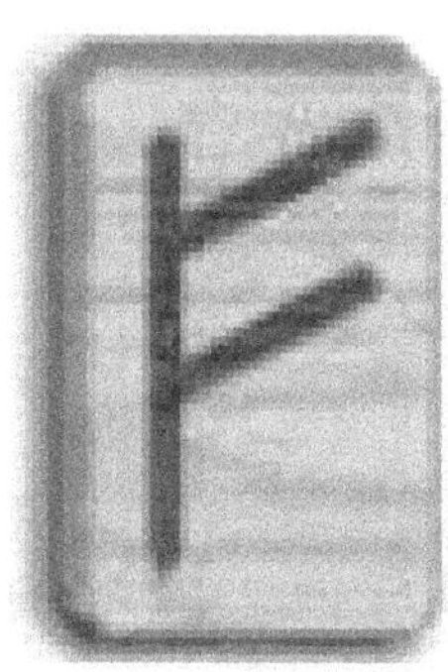

Esta runa traerá prosperidad a tu vida, indica fertilidad material, podrás conseguir todo lo que te propongas y tendrás mucha paz en el sentido de la economía. Obtendrás muchas recompensas porque te esforzarás.

Si has estado buscando tener hijos, lo conseguirás. Si quieres iniciar proyectos nuevos lo harás, y tendrás mucho éxito porque recibirás ayudas inesperadas.

Representa un amor correspondido, donde la relación de la pareja es sólida y armónica. Al ser su deidad Freyja, la diosa vikinga del amor, profetiza un futuro próspero en cuestiones del corazón.

Puedes trazar la runa Fehu, usar su símbolo como adorno, colocarla de fondo de pantalla en tu teléfono, o computadora, porque es la runa de la prosperidad, por tanto, tenerla presente atraerá sus energías.

Simboliza beneficios económicos, y riqueza. Tendrás para compartir con los demás. Indica el comienzo de un buen período, donde tendrás beneficios financieros a corto plazo.

En el trabajo viene una etapa agradable, con logros de tus metas. Si en la actualidad no trabajas, augura entrevistas de trabajo.

Colores de la Suerte

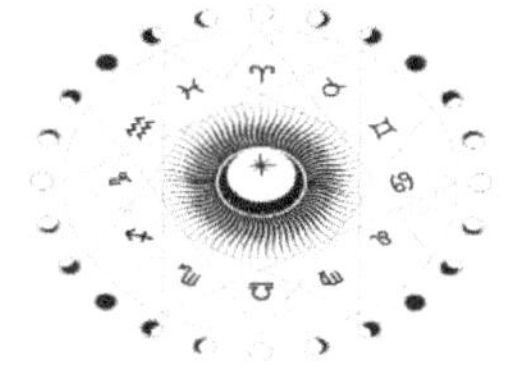

Los colores nos afectan psicológicamente; influyen en nuestra apreciación de las cosas, opinión sobre algo o alguien, y pueden usarse para influir en nuestras decisiones.

Las tradiciones para recibir el nuevo año varían de país a país, y en la noche del 31 de diciembre balanceamos todo lo positivo y negativo que vivimos en el año que se marcha. Empezamos a pensar qué hacer para transformar nuestra suerte en el nuevo año que se aproxima.

Existen diversas formas de atraer energías positivas hacia nosotros cuando recibimos el año nuevo, y una de ellas es vestir o llevar accesorios de un color específico que atraiga lo que deseamos para el año que va a comenzar.

Los colores tienen cargas energéticas que influyen en nuestra vida, por eso siempre es recomendable recibir el año vestidos de un color que atraiga las energías de aquello que deseamos alcanzar.

Para eso existen colores que vibran positivamente con cada signo zodiacal, así que la recomendación es que uses la ropa con la tonalidad que te hará atraer la prosperidad, salud y amor en el 2023. (Estos colores también los puedes usar durante el resto del año para ocasiones importantes, o para mejorar tus días.)

Recuerda que, aunque lo más común es usar ropa interior roja para la pasión, rosada para el amor y amarilla o dorada para la abundancia, nunca está demás adjuntar en nuestro atuendo el color que más beneficia a nuestro signo zodiacal.

Color de la Suerte para Aries

Amarillo.

Es difícil ignorar el color amarillo, y si la tonalidad es similar al oro, proyecta prosperidad. Es el color de la inteligencia, y puede ayudarte a pensar con claridad.

El amarillo es brillante y claro, aclarando todo lo que toca. Es el color del Sol, por eso simboliza la satisfacción, voluntad, creatividad y una suma de nuevos sentimientos y alegría.

Es un color eficaz a nivel psicológico, y tiene la capacidad de regular la presión arterial, los niveles del azúcar en la sangre, limpiar tus intestinos, aliviar la artritis, y sanar tu piel. Sirve para equilibrar los problemas emocionales, específicamente cuando tenemos pensamientos obsesivos negativos.

Es el mejor color para usar cuando queremos cambiar partes negativas de nuestra personalidad, ya que el amarillo es alegre, transfiriendo matices más objetivos a nuestra actitud mental.

Tu sistema digestivo puede purificarse con rayos amarillos. Debes hacer una pausa en tu rutina diaria y salir a pasar unos minutos cada día en un lugar donde puedas sentir los rayos del Sol. Sentirás como tu cuerpo se vuelve más enérgico.

Echa agua en un vaso amarillo y colócala a la luz del Sol por media hora. Bebe esta agua mientras te concentras en limpiar tu cuerpo, mente y corazón.

Los principales rasgos del amarillo son su resplandor, y particularidad luminosa. El amarillo es expansivo y desinhibido, por eso ayuda en la relajación. Ofrecer una rosa amarilla es sinónimo de amistad, y la ofrenda de un nuevo inicio.

La tonalidad del elemento aire es amarilla. Intensifica los talentos mentales y los procesos de pensamiento, por ende, cualquier idea que sea ilógica o irrazonable, se elimina cuando utilizas este color.

Para manifestar en el mundo material, este es el mejor color ya que ilumina los misterios de la mente consciente y subconsciente. Estimula las facultades de la mente, permitiendo que trabaje como una esponja.

Las personas que tienen color amarillo en el aura están llenas de alegría y paz interior. Estas personas no están atadas a nada, ni a nadie, y siempre son bondadosas. Un halo alrededor de la cabeza amarillo simboliza a un maestro espiritual. Para los terapeutas holísticos, el amarillo es el color de la paz, y es el color del chakra del Plexo Solar.

Los cuarzos que representan el amarillo son la citrina, el ámbar, y topacio.

Dentro de las tonalidades del amarillo encontramos el ***limón,*** *un color cálido, que tiene el potencial de nutrir el cerebro para que puedas proyectarte con claridad, decidas con firmeza y amplifiques tu memoria.*

Este color es fabuloso para ayudarte en los estudios, el análisis y la ortografía. No solo estimula el cerebro, sino que limpia, ya que contiene una tonalidad de verde en su espectro.

El limón empuja las toxinas al exterior para que puedan purificarse. El amarillo limón colabora cuando hay que sanar los espasmos abdominales, la inapetencia, los dolores de los huesos, las erupciones, malas digestiones, erupciones epidérmicas y otras enfermedades de la piel.

Amuletos para la Suerte

Estos Amuletos para la buena suerte pueden ayudarte a tener un año 2023 lleno de bendiciones en tu hogar, trabajo, con tu familia, atraer dinero y salud. Para que los amuletos funcionen adecuadamente no debes prestárselos a nadie más, y debes tenerlos siempre a mano.

Aries

***Una rana**.*

Un amuleto que te traerá paz, prosperidad material y abundancia espiritual.

En la antigüedad, para los romanos y los egipcios, las ranas eran un símbolo de protección, y ellos utilizaron figuras de este animal como talismán.

En el Antiguo Egipto, los amuletos de ranas representaban la rencarnación, y la abundancia material; era un símbolo de sus diosas, y están específicamente relacionados a los rituales de reencarnación de Osiris, el dios más importante del panteón egipcio.

Los mayas, respetaban mucho a las ranas, para ellos significaban felicidad, y los japoneses las guardan en sus monederos para que el dinero que se va siempre regrese. En el arte del feng shui, la rana simboliza abundancia y poderes positivos en todos los niveles.

Colores de las Velas para los Rituales

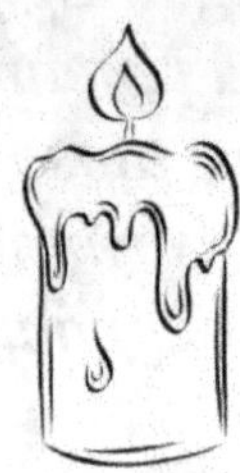

Es importante el color de la vela que vayamos a utilizar en nuestros rituales. Todos los colores tienen vibración, por ende, influyen en un área determinada de nuestras vidas.

Es imprescindible saber qué es lo que quieres transformar en tu vida, o qué tipo de ritual vas a hacer, para que elijas correctamente una vela que concuerde con ello.

***Amarillo:** Por naturaleza es el color de la inteligencia. Una vela amarilla es utilizada para estimular los poderes de la mente. En los rituales cuyo propósito es trasmitir alegría a alguien, o algo. Es el color del Sol, la vitalidad y los deseos de vivir. Es una vela utilizada en situaciones de tristezas. Se utiliza para endulzar comportamientos malhumorados. Para rituales relacionados al trabajo, los estudios, y el amor.*

***Naranja:** Contiene la energía del color rojo y amarillo. Es ideal para atraer la armonía, el dinero y la alegría. Nos ayuda a tomar decisiones. El naranja tiene una energía dinámica por lo que será muy útil para potenciar cualquier ritual que estemos haciendo.*

***Azul**: Es espectacular para disipar las tensiones, los conflictos o cualquier situación difícil entre personas. Para conectarse con el mundo espiritual, para rituales de amor y de trabajo.*

***Blanco y Dorado**: Son beneficiosas para atraer energías positivas. Sustituyen las otras velas, especialmente la blanca, por contener en ella todos los colores. La mayoría de los rituales se pueden hacer exclusivamente con las velas de color blanco.*

***Rojo:** Son las más utilizadas en los hechizos de amor, ya que representan el color de la sangre y el corazón, aunque sirven en los hechizos relacionados a la salud y fortaleza física. Sirven como canalizadoras para activar cualquier energía que esté estancada.*

***Rosa:** Su vibración es superior al rojo porque está mezclada con blanco. Representan el amor puro y el romanticismo. Es el color de la compasión y la empatía.*

***Verde**: Color de la fertilidad. Atrae el equilibrio a la mente, cuerpo y espíritu. Es un color asociado a la salud, puede utilizarse para solucionar situaciones de enfermedades. Muy útil en los rituales, o ceremonias, relacionadas con las finanzas o la prosperidad.*

Morado y Púrpura: *Es el resultado de la mezcla del rojo y el azul. Para rituales relacionadas con las finanzas y el éxito.*

Plata y gris: *Son colores neutrales, están entre el blanco y el negro. Se utilizan para neutralizar algún mal. Las velas plateadas están relacionadas a la energía de la noche y de la Luna, por esa razón se utilizan en rituales o ceremonias nocturnas porque son afines a esa energía.*

Marrón: *Este color está relacionado a la tierra, especialmente cuando todavía no se ha sembrado. Debemos ser cuidadosos cuando lo utilizamos porque puede atraer incertidumbre, así que cuando se use, se debe especificar muy bien lo que se quiere, no sea que obtengamos efectos contrario a la petición. Se utiliza en rituales para negocios.*

Negra: *Se utiliza en ritos de necromancia, y para convocar a entidades negativas. Ayudan a disolver las obstáculos. Beneficia los amores casuales. Tienen una influencia melancólica y por eso hay que tener mucho cuidado con su uso. Ayudan a la liberación de deudas kármicas y a deshacerse de hechicerías y trabajos de magia negra.*

¿Por Qué no Funcionan mis Hechizos?

Existen infinitas razones por las cuales un hechizo puede no funcionar, y es que sin darnos cuenta cometemos errores. La energía de los rituales se desperdicia si mucha gente sabe lo que estás haciendo. Si te gusta realizar magia no lo estés divulgando, debes guardar tu energía para los rituales que vas a practicar. Esta era y es una de las reglas más importantes de los hechiceros.

Es muy importante tener definido cual es la meta o propósito del ritual o hechizo, ya que eso le dará vitalidad al trabajo que estemos realizando. Cuando comencemos a trabajar con magia, debemos saber con exactitud cuál es la finalidad que deseamos alcanzar. Tenemos que ser capaces de resumir en una sola frase lógica nuestro propósito.

Debemos asegurarnos de tener todos los componentes que vamos a necesitar y que estos estén libres de energías negativas. Todo ritual tiene una lista para su preparación, pero debes recordar que podemos hacer reemplazos, sino encuentras algún elemento lo puedes suplir por otro, y este desempeñará el mismo propósito.

Nuestro estado de ánimo es clave, nuestras emociones deben estar balanceadas y hemos de sentirnos seguros y optimistas. No debe existir la mínima posibilidad de que queramos dañar a otra persona. El resultado de un ritual depende mucho de ti. Es primordial que tus emociones estén en sintonía con el método, por ejemplo: si deseas dinero asume que lo adquirirás en grandes sumas. El enfoque influye en el resultado.

Para lograr resultados positivos debemos practicarlos en el momento exacto.

Estos períodos mágicos están relacionados con la astrología y debemos conocerlos y programar nuestros rituales para estos lapsos de tiempo que serán los más adecuados para realizar nuestra magia.

No debes realizar simultáneamente hechizos del mismo tipo, porque esto ocasiona un cruce de energías. Concéntrate en uno solo para el buen resultado, por el simple hecho de probar, ya no estarás trabajando adecuadamente, la sola idea de realizar otros ya es sobrada para debilitar el primer ritual. Lo más sensato es reforzar el primer trabajo.

Nunca realices magia por experimentar, eso te podría originar dificultades en tu vida diaria, ya que puede incitar energías extrañas.

En circunstancias especiales, como por ejemplo situaciones urgentes, el ritual se repite al menos tres veces, en días consecutivos en la misma semana, a la hora del planeta designado, y en algunos casos tres veces en el mismo día, pero siempre en las horas adecuadas.

Los cuatro puntos cardinales son básicos para obtener buenos resultados en la práctica de magia. Los puntos cardinales se distinguen por la posición del Sol respecto de la Tierra: Norte, Sur, Este, Oeste.

La naturaleza se guía por estos cuatro puntos, por lo que a cada uno de ellos le pertenece uno de los elementos rituales. Cada uno posee cualidades y energías únicas.

El Norte se relaciona con la tierra, la seguridad y la consistencia. Es una energía femenina y fértil. Se simboliza a través del color verde. Está conectado con la salud y el poder de lo físico. Este punto favorece los rituales de dinero y el éxito.

El Oeste se corresponde con el agua, es emocional, sensible, suele representarse por el color azul. Las prácticas dedicadas a este punto cardinal activan todo tipo de asuntos.

El Sur es el fuego, muestra la energía, las actividades psíquicas, la pasión y el deseo. Es una energía masculina. Se corresponde con el color rojo.

El Este representa el aire, está asociado al intelecto, la creatividad, la abstracción y las facultades mentales. Es una energía masculina, su color es el amarillo.

Todos los elementos son primordiales en nuestra vida y ellos tienen características tanto positivas como negativas. Es indispensable conocerlos para canalizar y resguardar las energías de forma apropiada.

Todos los rituales mágicos se pueden comenzar con una invocación a los puntos cardinales y la formación de un círculo de energía dentro del cual invocar a las entidades sagradas. Cada uno de estos puntos geográficos tiene una vibración particular, favorable de conocer para aprovecharla en nuestros rituales.

La Magia del Tiempo

¿Qué día y qué hora del día son regidas por el planeta que rige el propósito del ritual?

Cada día tiene sus energías concretas y su propia magia. El secreto es poder encauzar estas conexiones de una forma práctica hacia tus hechizos y trabajos mágicos.

Una de las sabidurías más respetadas por los practicantes de la magia y el esoterismo es el beneficio de las horas planetarias, entendidas éstas como los espacios temporales que se hallan bajo las influencias energéticas de un determinado planeta.

Las correspondencias planetarias mágicas son simples de usar. Debes practicar como incorporarlas, porque refuerza tu magia y el poder de tus hechizos. A medida que comiences a estudiar estas correspondencias, te darás cuenta porque antes tus hechizos o baños de la suerte no funcionaron.

Cada día tiene 24 horas planetarias, pero a diferencia de las horas que tradicionalmente conocemos, no están restringidas a períodos de 60 minutos, pueden ser más o menos.

Existen 12 horas planetarias diurnas y 12 nocturnas. Las horas planetarias diurnas se extienden desde el momento del amanecer hasta la puesta del Sol; mientras que las nocturnas van del anochecer a la aurora del siguiente día.

Las horas planetarias diurnas son utilizadas para activar una determinada intención mágica, mientras que las horas planetarias nocturnas por estar permeadas de un tipo de energía diferente sirven para reforzar, durante este momento los sentidos se agudizan.

Además de utilizarlas para nuestros trabajos de magia, podemos usar las horas planetarias para aprovechar mejor nuestro día. En caso de tener un día especial, la firma de un contrato importante, un viaje, una fiesta, una cita romántica, la compra de una casa, etc. buscaremos la hora propicia siempre en relación con la naturaleza del planeta que mejor nos convenga.

De acuerdo con nuestro calendario, el día comienza a las 00:00 horas de la noche y termina a las 00:00 horas del día siguiente. Para la tradición astrológica y esotérica, la regencia de las horas del día y de la noche se comparten entre los siete planetas, del más alejado al más cercano.

En la antigüedad, los astrólogos contemplaron los planetas que se distinguían a simple vista y registraron la velocidad de cada uno, desde el más rápido al más lento en dar la vuelta a la Tierra: ***Saturno, Júpiter, Marte, Sol, Venus, Mercurio y la Luna.*** *Y este orden es el que debes aprenderte para determinar que planeta rige cada hora. (Luna y Sol son* *luminarias, pero los astrólogos en la antigüedad lo ignoraban).*

En la tradición astrológica, cada hora del día se rige por un planeta específico y el ciclo de estas horas es el que dio nombre a los Días de la Semana. Los antiguos Caldeos fueron los que instituyeron el calendario de siete días, equivalente a los nombres de los Dioses y los planetas, y los nominaron igual.

Ellos notaron que la longitud de los días cambiaba según las estaciones, que dos veces al año, en los Equinoccios de Primavera y de otoño, los días eran iguales en longitud a las noches. Por esta razón, dividieron cada día de 24 horas en dos partes de 12 horas.

Las horas diurnas, que van desde el amanecer hasta la puesta de Sol.

Las horas nocturnas, que van desde la puesta de Sol al amanecer.

La selección de la hora planetaria radica en elegir la energía planetaria más favorable para el ritual o hechizo que vayamos a realizar.

***Hora del Sol**: Es una hora espectacular para todos y para casi todas las actividades, propicia para encuentros con personas influyentes (jefes, directores de banco, altos ejecutivos, etc.), para empezar una negociación. Para* *organizar nuestras metas, nuestras vocaciones, nuestra carrera, para obtener honores.*

Para pedir un aumento de sueldo, para hacer presentaciones, hablar en público. Para hechizos relacionados al trabajo o dinero. Rituales relacionados con obtener ascensos y promociones, las relaciones con superiores y conseguir el éxito.

***Hora de Venus**: Para manifestar nuestra energía creativa (pintura, música, cualquier obra artística). Para nuestra salud, vitalidad y autoestima. Para comprar oro y joyas. Hora propicia para cuestiones femeninas, para optimizar nuestra apariencia, ir a la peluquería o recibir tratamientos estéticos.*

Apropiada para ir de compras, decorar la casa, salir con tus amigos o tener encuentros amorosos, hacer una fiesta, irte de viaje, pedir favores, formar una sociedad, y ejecutar inversiones.

Es la hora perfecta para pedir en matrimonio y para casarse. También para hacer las paces después de un conflicto o una pelea verbal. Para hechizos o rituales relacionados con el amor, contratos, y asociaciones.

***Hora de Mercurio**: En esta hora las personas están más expresivas, incluso las más retraídas, ya que Mercurio es el planeta de la comunicación y, a menos que esté retrógrado, es* *favorable para llamar por teléfono, enviar correspondencias importantes, escribir, temas intelectuales en general, estudiar, emprender viajes cortos, firmar contratos, arreglar tu computadora y hacer tratos comerciales. Hechizos de papeles, contratos.*

Rituales relacionados con operaciones comerciales y bancarias; estudios básicos o secundarios, firmas de contratos y comunicaciones, viajes cortos y medicina alternativa.

***Hora de Marte**: La naturaleza impulsiva de Marte nos incitará a ser más atrevidos y a tener menos prudencia, así que no es buena hora para empezar una discusión, porque puede terminar en pelea; ni para emprender un viaje con objeto de alguna transacción, pues esta hora es proclive para tener accidentes, pero sí para cualquier actividad en la que necesites estar más energético, como por ejemplo hacer ejercicios, o una situación en la que se necesite valor. No es bueno para empezar una asociación, ni casarse. Recuerda que Marte siempre tiende a ser conflictivo.*

Puedes realizar hechizos contra enemigos, rituales relacionados con valentía, acción, y conquista. Es un período aconsejable para intervenciones quirúrgicas, dado que favorece la capacidad de sanación.

***Hora de la Luna**: El carácter emocional, femenino y nutritivo de la Luna se manifiesta en las personas y las funciones de la hora lunar. Es propicia para asuntos* *domésticos, hablar con las madres y las mujeres en general, y para asuntos familiares; para tratar con el público, cocinar, comer, lavar e incluso regar las plantas; para decorar nuestra casa y hacerla más acogedora. Hechizos de familia o amor. Rituales relacionados con lo femenino, el hogar y la fertilidad.*

***Hora de Saturno**: Las personas parecen estar más retraídas en esta hora ya que las energías de Saturno son siempre oscuras, su naturaleza limitadora trae problemas y retrasos; no es aconsejable firmar contratos, relacionarse socialmente o empezar algo, sin embargo, es estupenda para iniciar la construcción de una casa, ya que Saturno rige las estructuras, las bases y la duración, para comprar y vender bienes inmobiliarios y asuntos vinculados a la tierra. También para demoler.*

Hora excelente para pedir consejo a una persona mayor. Otro aspecto beneficioso puede ser organizarse, disciplinarse y realizar trabajos tediosos. Excelente para hechizos contra enemigos o para retrasar algo. Rituales relacionados con la sabiduría y estudios profesionales.

***Hora de Júpiter**: El carácter benéfico de Júpiter se reflejará en las personas y en las labores de esta hora. Es favorable para comprar billetes de viajes, para cualquier contacto con el extranjero. Para obtener privilegios en negocios empresariales, o empezar una actividad importante,* *inaugurar una empresa, abrir un negocio o para comprometerse.*

Para pedir favores a personas de autoridad, para obtener honores, para comprar propiedades inmobiliarias. Favorable para los hechizos de dinero y asuntos legales. Rituales relacionados con prosperidad y obtención de empleos. Para protegerse, recuperar la salud e iniciar estudios profesionales.

El cálculo de las horas planetarias está afectado por las horas de luz y sombra con las que cuentas. Los períodos de tiempo cambiarán según el punto geográfico donde te localices y la estación del año (primavera, verano, otoño, invierno).

Para trabajar con el poder de las horas planetarias y potenciar tus rituales mágicos debes conocer la hora de salida y puesta del Sol en tu país, y después dividir el número de minutos de luz natural entre 12 (el número de horas planetarias diurnas).

Baño para el Período de Mercurio Retrógrado

Necesitas tres de estas plantas: Ruda, Salvia, Romero, Lavanda, Menta, o Laurel.

Selecciona tres de estas plantas, las puedes conseguir en botánicas o tiendas esotéricas. Toma una olla grande, échale agua y coloca las plantas hasta que hiervan totalmente.

Cuando haya hervido la preparación deja que se enfríe. Lo cuelas. Báñate de la misma forma que lo haces diariamente. Luego de haberte bañado, hechas el agua de las plantas desde tu cabeza y dejas que recorra todo tu cuerpo.

Espera unos segundos antes de secarte para que penetre y proporcione su efecto la limpieza. Sécate si es posible al aire, sin toalla, y sentirás el cambio en tu aura, a partir de ese momento ya estarás listo para practicar tu hechizo sin riesgos o sabotajes por parte de Mercurio Retrógrado.

Los mejores momentos para hacer rituales relacionados al dinero son los domingos durante las horas del planeta Júpiter, los jueves durante las horas del Sol o el planeta Venus y los viernes durante las horas del planeta Júpiter. La Luna debe estar en su fase creciente y en alguno de estos signos: Tauro, Leo, Libra, Sagitario o Acuario.

Rituales para el Signo de Aries

Ritual para Dinero el Día del Eclipse de Sol.

Necesitas:
- *Hielo*
- *Agua Sagrada*
- *Granos de Maíz*
- *Sal Marina*
- *1 recipiente de barro*
- *Tres velas flotantes verdes*
- *Papel cartucho o pergamino y lápiz*
- *1 aguja de coser nueva*

Escribe tus peticiones acerca del dinero en el papel, después escribe tu nombre en las velas con la aguja. Para limpiar tu energía utilizarás el recipiente de barro donde colocarás el hielo y el agua sagrada, en proporciones iguales le añades tres puñados de sal marina.

Introduce las dos manos en la cazuela así estarás expulsando las energías negativas que tienes dentro de ti. Saca las manos de adentro del agua, pero no te las seques. Añade al recipiente un puñado de maíz y vuelves a meter tus manos por tres minutos.

Lo último que harás es encender las velas con fósforos de madera y las colocarás dentro del recipiente. Con el fuego de las tres velas, quemas el papel con tus deseos y dejarás que las velas se consuman.

Este ritual debes efectuarlo en el momento exacto del Eclipse Solar. Los restos de este hechizo los entierras en algún lugar donde pueda darle el Sol, porque de esta forma tu deseo continuará recibiendo energías.

Ritual de Amor el Día del Eclipse de Sol

Este ritual debes practicarlo a la hora exacta que esté sucediendo el Eclipse de Sol.

Necesitas:
- *2 velas amarillas*
- *Miel*
- *Cuarzo rosado*
- *Aguja de coser nueva*
- *Aceite esencial de canela*

- 1 Copa de cristal

Debes escribir en cada vela tu nombre y el nombre de la persona que amas con la aguja. Después consagras estas velas con el aceite de canela.

Colocas el cuarzo rosado en la copa de cristal y le echas la miel encima, ubicas las velas a los lados, las enciendes y repites en alta voz:

"Nipa agbara ti Eclipse ati agbara agba aye Mo pe awọn ipa ti Agbaye lati fa eniyan yẹn ti o pinnu lati wa ninu igbesi aye mi".

Cuando las velas se consuman, enjuagas el cuarzo y lo usas de amuleto.

Ritual para Alejar Problemas en la Relación

Este ritual debes practicarlo durante el Eclipse de Luna o en la fase de Luna Llena.

Necesitas:
- 1 cinta blanca
- 1 tijeras nuevas
- 1 bolígrafo de tinta roja

Debes escribir en la cinta blanca con la tinta roja el problema que estás teniendo y el nombre de la persona. Después la picas en siete pedazos con las tijeras y mientras lo haces repites en alta voz:

"Eyi ni ịṣoro mí. Mo fẹ ki o lọ ki o ma pada wa. Jọwọ, mu u kuro lọdọ mí. Bee ni be". Colocas todo dentro de una bolsa negra y entiérralo.

Hechizo Azteca para Salud

Elementos necesarios.

- *1 vela blanca.*
- *1 estampita del Ángel de tu devoción.*
- *3 inciensos de sándalo.*
- *Carbones vegetales.*
- *Hierbas secas de eucalipto y albahaca.*
- *Un puñado de arroz, un puñado de trigo.*
- *1 plato blanco o una bandeja.*
- *8 pétalos de rosas de color rosa.*
- *1 frasco de perfume, personal.*
- *1 cajita de madera.*
-

Debes limpiar el ambiente encendiendo los carbones vegetales en un recipiente de metal. Cuando los carbones estén bien encendidos, les colocarás poco a poco las hierbas secas y recorrerás la habitación con el recipiente, para que se eliminen las energías negativas.

Terminado el sahumerio debes abrir las ventanas para que se disipe el humo. Prepara un altar encima de una mesa cubierta de un mantel blanco. Coloca encima de ella la estampita escogida y alrededor colocas los tres inciensos en forma de triángulo.

Debes consagrar la vela blanca, después la enciendes y la pones frente al ángel juntamente con el perfume destapado. Debes estar relajado, para eso debes concentrarte en tu respiración.

Visualiza a tu ángel y agradécele por toda la buena salud que tienes y la que tendrás siempre, este agradecimiento tiene que salir de lo profundo de tu corazón.

Después de haber realizado el agradecimiento, le entregarás a manera de ofrenda el puñado de arroz y el puñado de trigo, que debes colocar dentro de la bandeja o plato blanco.

Dispersa sobre el altar todos los pétalos de rosas, dando nuevamente gracias por los favores recibidos. Terminado el agradecimiento dejarás la vela encendida hasta que se consuma totalmente.

Lo último que debes hacer es juntar todos los restos de vela, de los sahumerios, el arroz y el trigo, y colocarlos en una bolsa de plástico y la botarás en un lugar donde haya árboles sin la bolsa.

La estampita del ángel junto con los pétalos de rosa colócalas dentro de la caja y ubícala en un lugar seguro de tu casa.

El perfume energizado, lo utilizas usará cuando sientas que las energías están bajando, a la vez que visualizas a tu ángel y le pides su protección. Este ritual es más efectivo si lo realizas un jueves o lunes a la hora de Júpiter o de la Luna.

Hechizo para Ganar en los Juegos de Azar.

Este hechizo es super efectivo si lo realizas un viernes a la hora del planeta Venus o Júpiter.

Debes coger tu billetera o monedero y ponerle adentro un poco de sal marina gruesa. También debes colocar un billete de alta denominación.

Cierras la billetera y átala con una cinta dorada. Mientras la atas repite en voz alta: "Esta sal poderosa de la abundancia multiplicará mi dinero y atraerá la suerte en el juego hacia mí". Debes dejar la billetera durante una semana bajo tu almohada, pasado este tiempo botas la sal en la tierra y el billete lo dejas en tu cartera (no lo debes usar para jugar) junto a una hoja de ruda macho.

Cuarzos de la Suerte

Todos nos sentimos atraídos por los diamantes, rubíes, esmeraldas y zafiros, evidentemente son piedras preciosas. También son muy apreciadas las piedras semipreciosas como la cornalina, ojo de tigre, cuarzo blanco y el lapislázuli ya que han sido usadas como ornamentos y símbolos de poder por miles de años.

Lo que muchos desconocen es que ellos eran valorados por algo más que su belleza: cada uno tenía un significado sagrado y sus propiedades curativas eran tan importantes como su valor ornamental.

Los cristales siguen teniendo las mismas propiedades en nuestros días, la mayoría de las personas están familiarizadas con los más populares como la amatista, la malaquita y la obsidiana, pero actualmente hay nuevos cristales como el larimar, petalita y la fenacita que se han dado a conocer.

Un cristal es un cuerpo solido con una forma geométricamente regular, los cristales se formaron cuando la tierra se creó y han seguido metamorfoseándose a medida que el planeta ha ido cambiando, los cristales son el ADN de la tierra, son almacenes en miniatura que contienen el desarrollo de nuestro planeta a lo largo de millones de años.

Algunos han sido sometidos a enormes presiones y otros crecieron en cámaras profundamente enterradas bajo tierra, otros gotearon hasta llegar a ser. Tengan la forma que tengan, su estructura cristalina puede absorber, conservar, enfocar y emitir energía. En el corazón del cristal está el átomo, sus electrones y protones. El átomo es dinámico y está compuesto por una serie de partículas que rotan alrededor del centro en movimiento constante, de modo que, aunque el cristal pueda parecer inmóvil, en realidad es una masa molecular viva que vibra a cierta frecuencia y esto es lo que da la energía al cristal.

Las gemas solían ser una prerrogativa real y sacerdotal, los sacerdotes del judaísmo llevaban una placa sobre el pecho llena de piedras preciosas la cual era mucho más que un emblema para designar su función, pues transfería poder a quien la usaba.

Los hombres han usado las piedras desde la edad de piedra ya que tenían una función protectora guardando de diversos males a sus portadores. Los cristales actuales tienen el mismo poder y podemos seleccionar nuestra joyería no solo en función de su atractivo externo, tenerlos cerca de nosotros puede potenciar nuestra energía (cornalina naranja), limpiar el espacio que nos rodea (ámbar) o atraer riqueza (citrina).

Ciertos cristales como el cuarzo ahumado y la turmalina negra tienen la capacidad de absorber la negatividad, emiten una energía pura y limpia.

Usar una turmalina negra alrededor del cuello protege de las emanaciones electromagnéticas incluyendo la de los teléfonos celulares, una citrina no sólo te atraerá riquezas, sino que también te ayudará a conservarlas, sitúala en la parte de la riqueza en tu hogar (la parte posterior izquierda más alejada de la puerta de entrada). Si estás buscando amor, los cristales pueden ayudarte, sitúa un cuarzo rosado en la esquina de las relaciones en tu casa (la esquina derecha posterior más alejada de la puerta principal) su efecto es tan potente que conviene añadir una amatista para compensar la atracción.

También puedes usar la rodocrosita, el amor se presentará en tu camino.

Los cristales pueden curar y dar equilibrio, algunos cristales contienen minerales conocidos por sus propiedades terapéuticas, la malaquita tiene una alta concentración de cobre, llevar un brazalete de malaquita permite al cuerpo absorber mínimas cantidades de cobre.

El lapislázuli alivia la migraña, pero si el dolor de cabeza es causado por estrés, la amatista, el ámbar o la turquesa situados sobre las cejas lo aliviarán.

Los cuarzos y minerales son joyas de la madre tierra, date la oportunidad, y conéctate con la magia que desprenden.

Aries

Cuarzo ahumado

Es un símbolo divino en este plano físico. Este cuarzo místico te dará mucha luz. Es el cuarzo de los médiums, espiritistas y alquimistas ya que rompe todo lo negativo. Está asociado a el plano síquico, es el más primitivo del mundo, y es un oráculo.

Te resguardará contra las energías más adversas como la envidia, rabia y los pensamientos destructivos.

Es el curador energético más eficaz del planeta, evapora, acrecienta, protege y amolda la energía, y es milagroso para desbloquearla. Transforma la energía al estado más puro admitido.

Es bueno para la meditación y estimula la memoria. A nivel curativo, es terapeuta, y puede utilizarse para equilibrar los chacras. Ayuda en los momentos de peligros y refuerza la solución de éstos. Psicológicamente calma el miedo, y te ayuda con la paz emocional. Aplaca las tragedias y, cuando encuentra emociones negativas, las trasmuta.

Consagración de tu Amuleto o Talismán

Es muy importante consagrar nuestro amuleto o talismán para que funcione. Los mismos deben ser cargados con los cinco elementos, es decir el fuego, la tierra, el aire, agua y éter (espíritu).

*- **Fuego**: Debes pasar tu talismán o amuleto por encima de la llama de una vela, si la misma tiene forma piramidal es mucho más potente. Mientras lo sostienes por varios minutos encima de este fuego debes repetir en alta voz:*

"Ego facio in elementis ignis Sicut salamandrae draconem elementa activa viribus curandi potestas et igni".

*- **Tierra**: Debes enterrar tu amuleto o talismán mínimo por 12 horas en tierra o sal marina. Mientras lo entierras debes repetir en alta voz:*

"Im 'particularum vires terrœ loading, Per virtutem enim huius terrae magicae gnomes phylacterium fortior sit".

*- **Aire**: Debes pasarle a tu talismán o amuleto el humo de un palo santo o sage. Mientras le haces este sahumerio debes repetir en alta voz: "Im 'charring caeli cum elementaribus aquis, silfos sapis atque purissimum elementaris Deneme equitibus"*

- ***Agua**: Debes poner tu talismán o amuleto dentro de un recipiente de agua sagrada, de lluvia o de mar si el material lo permite. De no ser así le pones el recipiente encima o al lado y lo dejas así por 24 horas. Mientras lo estas acomodando repites en alta voz:*

"Adiuro vos per virtutem aquaeelementaris materia s doque Tellurem cogitationes hominum sensusque malo colligit. humilitatem meam super Devas mandat".

- ***Éter**: Debes sostener en tus manos el talismán o amuleto y cerrando los ojos repites en alta voz: "Ego ferre elementum phasmatis industria, Et impletum est omne desiderium meum numina mala bullas signati".*

De esta forma has consagrado tu amuleto o talismán.

Limpieza de tus Amuletos o Talismanes

Tus amuletos y talismanes se van contaminando con el tiempo y recogiendo energías negativas. Tus estados de ánimo también lo contaminan. Por eso es recomendable limpiarlos y recargarlos.

Existen varios métodos y todos son sencillos:

***Amatista:** Debes colocar el talismán o amuleto encima o dentro de una cajita de madera con la amatista, ella estará recogiendo todas las energías negativas que el mismo tiene impregnadas.*

***Luz del Sol**: Déjalos expuestos por 24 horas a la luz solar. Esos rayos solares son como una goma de borrar mágica.*

***Luz de Luna**: Debes colocar tu amuleto o talismán bajo la luz de la Luna Llena, si los puedes enterrar es mucho mejor.*

***Humo**: Pásale a tu amuleto o talismán el humo de un palo santo o salvia.*

Sal marina: *Colocas tu amuleto o talismán en un recipiente y cúbrelo con sal marina, mínimo por doce horas.*

Astrología y Salud.

A través del estudio de la carta natal podemos observar las tendencias a ciertas enfermedades, ya que las energía de los signos zodiacales y los planetas nos afectan a nivel psicológico y físico.

Tradicionalmente la astrología le asigna una equivalencia anatómica a cada signo zodiacal. El modelo es sencillo ya que comienza en Aries por la cabeza y va descendiendo hasta los pies, regidos por Piscis.

***Aries**, rige la cara, ojos, cerebro y la cabeza. Los arianos padecen de migraña y dolores de cabeza. Las glándulas de Aries son las suprarrenales, que impulsan la adrenalina en el torrente sanguíneo en casos de emergencia, debido a esto tienen la reputación de impulsivos.*

Larvas Astrales y Parásitos Energéticos

Todo lo que existe en este mundo, se alimenta de algo. Nosotros nos alimentamos de cosas más sólidas, de alimentos que vienen de la tierra, de los animales, y las entidades más sutiles se alimentan de nosotros, y de nuestros pensamientos. Es la manera que cada cual tiene para sobrevivir.

Cada uno de nosotros es poseedor de una determinada cantidad de energía vital. Eso es lo que hace que podamos vivir equilibradamente, encontrándonos en un buen estado de salud física y emocional. Sin embargo, muchas veces nos damos cuenta de que nuestro equilibrio se ve comprometido, y que no estamos pudiendo gozar de nuestra vida de la manera en que deberíamos poder hacerlo.

Muchas pueden ser las causas de nuestro desbalance. Sin embargo, una de las causas más recurrentes es la acción de las llamadas Larvas Astrales.

En lugares donde existe acumulación de energía negativa estancada, como hospitales, cementerios, etc. se corre el riesgo de adquirir una de estas larvas astrales. También se transmiten durante el acto sexual, pues en él no se da solamente un intercambio de fluidos, sino también un intercambio emocional y de energías.

Estos parásitos se alimentan principalmente de la energía vital de personas que están atravesando un momento de debilidad física o psicológica, tanto como de aquellos que normalmente realicen procesos mágicos que les demanden una gran cantidad de energía.

Los métodos que las larvas astrales utilizan para alimentarse varían según algunas características. Para empezar, el tamaño de la larva. Es más común encontrarnos con larvas jóvenes o pequeñas, puede también pasar que nos enfrentemos a verdaderos monstruos de dimensiones considerables.

Las larvas astrales pequeñas tienden a saltar de un cuerpo huésped a otro con mucha frecuencia, por lo general en el momento que han logrado absorber gran parte de la energía vital de su víctima.

Mientras más grandes las larvas, como es de esperar, mayor es el peligro que representan. Tienen la capacidad de alimentarse de su víctima de una forma mucho más agresiva, hasta dejarla completamente vacía. Las larvas astrales mayores sólo cambiarán de presa en caso de la muerte de la persona, o por una víctima que les ofrezca mayor fuente de alimento.

Las personas que están siendo víctimas de estos parásitos reportan una sensación de cansancio constante que no parece verse mejorada incluso cuidando las horas de sueño, la alimentación o la práctica de ejercicio regular. Además, se encuentran ante la presencia continua de pensamientos negativos.

Muchos incluso dicen sospechar que no les pertenecen, pues no son pensamientos comunes en ellos. Es normal en las víctimas de larvas astrales el desarrollo frecuente de reacciones emocionales como la agresión, el miedo, la depresión, la ira, la vergüenza y la incomodidad.

El cansancio general provoca también una disminución en el sistema inmunológico, lo que predispone al huésped al desarrollo de los demás síntomas que en otras circunstancias no podrían darse en el cuerpo.

La emisión de energía que este estado provoca hace de la persona la fuente específica que la larva busca para su desarrollo.

¿Qué son?

Los parásitos energéticos, también llamados entes, son fragmentos etéricos o astrales, seres elementales, energías, etc., que se nos han adherido por distintos canales, siendo los principales durante el embarazo, durante nuestra niñez y en especial, cuando nos encontramos con bajas energías, o bajo nivel de vibraciones.

Básicamente estos parásitos energéticos se alimentan de nuestra energía vital, nutriéndose de nuestros miedos y frustraciones, consumiéndonos poco a poco. Alguna de las enfermedades que aparecen en nuestro cuerpo físico, incluido el cáncer, han sido generadas por estos parásitos energéticos.

¿Dónde se alojan?

Estos parásitos se pueden alojar en los cuerpos físico, etérico y astral. En el cuerpo físico, se suelen alojar en la cabeza, en las zonas: dorsal, lumbar y sacra de la espalda, en la zona ilíaca, en la vagina o útero, en el colon, etc., en general en toda cavidad interna. Por lo general los parásitos energéticos que se alojan en nuestro cuerpo físico, son atraídos hacia los elementos de carga positiva de nuestro cuerpo, alojándose principalmente en nuestro sistema óseo.

¿Cómo se detectan?

En primer lugar, estos parásitos energéticos producen algunos antojos que nos obligan a consumir en exceso. Entre los antojos encontramos los siguientes: Dulces y chocolates, alimentos pesados como carnes y alimentos condimentados, café, tabaco, comida chatarra, alcohol y mayormente azúcar.

También se manifiesta su presencia por el dolor de espalda, entre los omóplatos o la zona lumbar, además del cansancio excesivo, dificultad para dormir, visión borrosa, la sensación de tener un peso extra sobre nuestra espalda, similar a como si se cargara una mochila.

Como esto no tiene una manifestación visible, la presencia de larvas astrales rara vez es detectada por personas que no han sido capacitadas para esto. Sin embargo, siempre se manifiestan internamente.

Son frecuentes los problemas para dormir y las pesadillas. Algunas personas han reportado una sensación de opresión en el pecho, como una fuerza que los presiona hacia abajo.

El estado anímico personal se ve agravado, hasta el punto en que pueden darse ataques de pánico inexplicables y enfermedades de procedencia misteriosa.

Según los expertos, del cuarenta al sesenta por ciento de los problemas que comprometen la psiquis de la persona están relacionados con la participación, aunque sea temporal de una larva pequeña. Y del cinco al diez por ciento, las larvas astrales son responsables de todo el problema.

Para protegernos de las larvas astrales se puede incurrir en algunas soluciones simples, aunque como siempre, lo mejor es prevenirlas antes de que se instalen. Para eso, hay quien recomienda limitar lo más posible el cuerpo energético. De esa manera, la persona puede pasar desapercibido y no llamar la atención como potencial víctima.

Es bueno utilizar alcanfor o limón para mantenerlas alejadas.

Sin embargo, si ya conoces una víctima de las larvas astrales y quieres ayudarla, es importante que se distinga el tamaño de la larva en cuestión.

Las criaturas astrales aprovechan muchas veces para hacer ataques mientras las personas duermen, aunque hay fuerzas que atacan mientras uno está despierto y son cosas demasiado aterradoras, porque es mucho más fuerte. Aparte de los ataques físicos, están los ataques mentales, que son mucho más sutiles, y que se puede decir que es víctima todo el mundo.

Estas criaturas negativas que viven en el mundo astral (mundo de las emociones), se alimentan de nuestras emociones negativas, como la ira, el miedo, la tristeza, la depresión, y el dejarse consumir por estas emociones, es dejarse consumir por estas criaturas, y es por eso por lo que tu sientes esa fuerte emoción incontrolable.

Por supuesto del mismo modo que nosotros hacemos granjas de animales para luego consumir su alimento, estas criaturas, nos preparan a nivel emocional para ser su alimento, y es a través de provocarnos sentimientos negativos para que nosotros nos dejemos llevar por ellos.

Los seres humanos somos los únicos que somos capaces de producir ciertos tipos de pensamientos y emociones. De este modo, alguien consumido por el miedo, alimenta a estas criaturas, y estas criaturas provocan de alguna manera que las personas sientan ciertos tipos de miedo.

Hay niveles y niveles en esta parte, y las persona con poca fuerza de voluntad, lentamente se hunde en estos sentimientos negativos. Alguien empieza como una persona que le da ira, y luego se va volviendo más salvaje, más instintivo, hasta que pasa a otro nivel, y se vuelve un asesino.

Como proteger la Casa de las Larvas o Parásitos Astrales

- *Permitir la entrada de luz, sobre todo la natural todas las mañanas abrir las ventanas y dejar entrar la renovación de energía.*
- *Mantener limpia y aireada tu casa.*
- *No acumular cosas que no uses.*
- *No conservar cosas rotas en casa.*
- *No tener objetos viejos en casa, a no ser que se conozca su procedencia.*

- *Evitar el exceso de espejos en las habitaciones.*
- *No jugar con tabla ouija.*
- *No jugar en casas abandonadas o cementerios.*
- *No practicar magia negra.*
- *Encender con frecuencia inciensos, esencias, y velas en tu casa.*
- *Darte baños de agua con sal marina y vinagre u otros tipos de baños para limpieza del aura. (si quieres Sprays para limpiar el aura visita la página www.esoterismomagia.com)*

- *Llevar puestas cuarzos o cristales en accesorios.*
- *Tener vasos de agua con sal marina por los rincones de tu casa debajo de tu cama y renovarlos cuando estén sucios y hayan recogido las malas energías.*

-Limpiar la casa de adentro hacia afuera con sal marina.

- *Importante tener en la casa objetos como: Ángeles, elefantes con la trompa hacia arriba, budas, lechuzas, ranas.*
- *Utilizar cuencos tibetanos o campanillas de metal ya que el sonido de estos es purificador de aura y energía.*

Debes recordar que ninguna limpieza ayudará por mucho tiempo, si en la casa continúa reinando un ambiente de discusiones, mentiras, ofensas, suciedad, desorden, vicios etc. Así que trata de mantener tu frecuencia vibrando alto, de esta forma no darás oportunidad a que este tipo de energías se manifiesten y se adhieran a tu vida y hogar.

Objetos que atraen la Prosperidad.

Para eliminar las energías negativas que nos atrasan, puedes elegir tener diferentes retoques que atraigan la buena suerte y la prosperidad.

- ***Estatuilla de elefante para la buena suerte****. Simboliza el poder y la fortaleza, atrae para el hogar la buena suerte y la sabiduría. El lugar perfecto para colocar este amuleto es el pasillo de entrada a la casa, mirando hacia adentro, dándole la bienvenida a la prosperidad y dejándola entrar.*

- ***Bambúes para la prosperidad.*** *Para atraer el éxito y la prosperidad, los asiáticos afirman que el bambú es excelente.*

- ***Herradura de caballo.*** *Se trata de uno de los talismanes más populares para atraer la suerte. Su forma semicircular está vinculada a la fertilidad y el hierro con el que está hecha al poder. Para que funcione como amuleto, es aconsejable colgarla en la puerta, con los extremos hacia arriba.*

De esta forma, se convierte en un receptáculo de fuerzas astrales. Idealmente se debe buscar una herradura con siete agujeros, ya que ese es el número ancestral que se asocia a la buena fortuna.

- ***Peces***. *El pez dorado es uno de los ocho símbolos sagrados de Buda, como tal es considerado talismán de riqueza y buena suerte. Pero no tiene que ser solo dorado. Las figuras de peces pueden ser también plateadas, de cristal o hasta tallados en madera, y se pueden dejar dentro del hogar, o usarlos en la joyería. No sólo atraen buena energía, sino que también protegen a quien los lleva de la mala suerte.*

- ***Gato de la fortuna.*** *Este talismán de origen japonés es quizás uno de los más conocidos en occidente. El gatito con la mano levantada en señal de llamada invita a las buenas energías a entrar en la casa o el lugar. El gato puede colocarse en cualquier lugar de la casa que sea visible, pero mirando hacia la puerta es excelente.*

- ***Ojo de Horus***. *Este amuleto tradicional de la civilización egipcia es usado desde antaño, principalmente para desactivar la envidia y el "mal de ojo". También se cree que ahuyenta a las enfermedades. Es normal encontrar dos versiones del ojo: el izquierdo que simboliza la Luna, y el derecho, que representa el Sol. Este último es al que se le asignan las buenas energías.*

- ***Buda sonriente***. *Tener en la casa la figura de un Buda sonriente produce riqueza, prosperidad y dinero. También transforma las energías de la casa, para que predominen la paz y el buen humor.*

- ***Tortuga.*** *La tortuga representa la salud, la longevidad, la estabilidad y el equilibrio, tenerlas como mascotas augura prosperidad. Tener la estatuilla de una tortuga que lleva a sus crías en la espalda representa las buenas oportunidades que se nos aparecerán en el futuro.*

- ***Candelabro.*** *El candelabro debe tener siete brazos, pertenece a la tradición hebrea y está considerado como un amuleto de suerte para la felicidad y el equilibrio en el hogar. Inclusive, en el mundo esotérico representa una luz en la oscuridad. Para atraer la abundancia y la suerte al hogar debes colgar un candelabro en miniatura detrás de la puerta de entrada de tu casa.*

- ***El ojo turco***. *Históricamente ha servido para disolver del mal de ojo. Si lo colocas mirando hacia la puerta es portador de buena suerte en la casa, y actúa como protector contra la maldad y las malas energías.*

- ***Trébol de cuatro hojas.*** *Es el amuleto de la buena suerte por excelencia, aunque es un espécimen muy raro que solo ocurre uno en cada 10.000 casos. Cada hoja del trébol representa un elemento de la felicidad: amor, salud, fortuna o prosperidad.*

- ***Llaves antiguas***. *Las llaves antiguas traen buena suerte, sobre a la economía del hogar, los negocios y el trabajo. Simbolizan la apertura de puertas, es decir, las nuevas oportunidades.*

- ***Las campanas.*** *Llenan el hogar de buenas vibraciones y favorecen la circulación de las buenas energías, apartando las negativas y atrayendo las positivas. Generalmente se colocan en las puertas o en los patios.*

- ***Los dados***. *Simbolizan el porvenir y la buena suerte. Debes llevar uno siempre contigo en la cartera, monedero o suelto en el bolso.*

- ***La mano de Fátima.*** *En algunas culturas se le considera portadora de buena suerte, abundancia y salud.*

- ***Las Cruces.*** *La cruz de Caravaca, la egipcia y la Celta son cruces consideradas protectoras contra las enfermedades. También atraen la prosperidad.*

- ***Carrillones de viento***. *Son famosos por atraer la energía positiva, de hecho, también se les llama "comunicadores de los ángeles".*

- ***Pata de conejo***. *Muy usada en la cultura occidental, es uno de los amuletos de la suerte para el hogar más popular y antiguo.*

- ***Color azul***. *Simboliza el elemento agua, por lo que crea fluidez. Si tu dinero lo pierdes con facilidad, añade este color a tu casa.*

- ***Cuarzos.*** *La selenita, el cuarzo blanco y la turmalina negra son excelentes opciones para cristales que atraen buenas energías. Úselos como piezas de decoración y asegúrate de dejarlos por la noche en una ventana para que se carguen con energía de la luz de la Luna.*

- ***Figura de delfín***. *Las historias sobre la buena suerte que atraen los delfines son muy antiguas y provienen de los marineros y personas que trabajan en el mar.*

Objetos que Obstruyen la Prosperidad.

- ***Adornos o regalos no deseados.*** *No debes conservar objetos regalados por personas que te desagradan o de alguien con quien rompiste una relación en forma abrupta o problemática.*

- ***Flores secas, plantas artificiales o cenizas de alguien fallecido***. *Los búcaros con flores marchitas o los adornos con flores secas suelen ser de mal augurio. Lo mismo ocurre con las plantas y flores artificiales y las cenizas de un muerto, ya que, al no tener vida, no dejan fluir la energía e interfieren negativamente en el equilibrio energético del hogar.*

- ***Cactus o plantas espinosas***. *Los cactus o plantas espinosas no deben estar en casa ya que pueden atraer problemas económicos.*

- ***Espejos rotos o manchados***. *Los espejos se deben ver siempre limpios, si están rotos o en mal estado deberías botarlos. Según el Feng shui nunca se deben colocar frente a los pies de la cama.*

- ***La escoba hacia arriba***. *Cuando guardes la escoba en el cuarto de aseo, no debes ponerla con las cerdas hacia arriba, esto es sinónimo de mala suerte y aleja el dinero. Debes tenerla siempre hacia abajo.*

- ***Partes de animales muertos.*** *Tener en casa partes de animales muertos, como pieles, caparazones, cuernos, marfiles, caracoles, o especies disecadas son equivalentes a mala suerte. La creencia tiene que ver con las energías estancadas. Tendrás la muerte presente en tu hogar.*

- ***Ropa zurcida o en mal estado.*** *Es muy importante evitar la acumulación de ropa vieja o rota que ya no usamos. Son un obstáculo que no permiten renovar las energías del hogar.*

- **Colocar una pecera en la cocina o el dormitorio**. *Si tienes una pecera en la cocina o en el dormitorio estás cometiendo un grave error. Según el Feng Shui, esas áreas requieren más la presencia del elemento fuego y el agua podría aniquilarlo.*

- **Un calendario viejo.** *La tradición dice que mostrar el año, mes o día equivocado es un recordatorio del tiempo que pasa, y esto dañará negativamente tu vida atrayendo mala suerte.*

- **Un reloj parado**. *Un reloj parado o simplemente que no funciona, es mejor que lo botes, según la tradición china, atraen la mala suerte debido a que el tiempo se detuvo en ellos. Además, es una señal de una vida más corta.*

- **Fotos de desastres naturales.** *Las fotos en tu casa que muestren desastres naturales son símbolos de mala suerte. No solo imágenes de muerte o destrucción, sino también fotos de nevadas o lluvias.*

- ***Una puerta negra.*** *(no si mira hacia el norte). Según el Feng Shui, una puerta negra que mira hacia el sur, este u oeste invita a la mala suerte.*

- ***Sombrillas o paraguas dentro la casa.*** *Es una de las supersticiones de mal augurio más antiguas que se conocen. Un paraguas de por sí, no da mala suerte o no es símbolo de ella, en cambio cuando se abre uno dentro de la casa, o de cualquier interior, se dice que atrae a la mala fortuna.*

- ***Un hacha dentro de la casa.*** *El hacha dentro del hogar no solo es un objeto de mala suerte, sino también de muerte.*

¿Cuál es el signo más seguro del zodiaco?

La confianza en nosotros mismos nos ayuda a estar preparados para hacer frente a los obstáculos de la vida. Cuando tenemos seguridad, si las cosas no funcionan, la autoconfianza nos ayuda a intentar de nuevo. La autoconfianza o seguridad en uno mismo suele confundirse con la autoestima, y aunque están conectadas, no son lo mismo.

La autoestima es la apreciación general que tiene una persona de sí misma, y la autoconfianza describe la estimación de uno mismo respecto a la capacidad para ejecutar un objetivo.

No todos los signos zodiacales tienen el mismo nivel de seguridad, hay algunos que son super inseguros, sin embargo, otros tienen un nivel de perseverancia y autoconfianza increíbles.

Aries: piensa que pedir ayuda es un indicio de inferioridad, no reconoce sus limitaciones. Pedir ayuda definitivamente es de valientes y de personas con autoconfianza.

Tauro: odia salir de su zona de confort. Al no expandir sus límites por temor a situaciones que representen un nuevo desafío, está saboteando su autoconfianza.

Géminis: tiene tendencia a valorar sus acciones como negativas. Se agobian buscando la aprobación de los demás, lo cual es un síntoma de inseguridad.

Cáncer: ve sus defectos, pero no sus virtudes. Los pensamientos negativos sobre sus capacidades son falta de seguridad personal.

Leo: es agresivamente seguro. No sienten la obligación de hacer las cosas de cierta forma, atacan el problema de la manera que les parece más conveniente. Esto se llama seguridad.

Virgo: les encanta tener la aprobación de los demás, sacrificando su verdadera personalidad. Esta necesidad de aprobación es sinónimo de "No confío en mí mismo".

Libra: no se arriesga por miedo a fracasar, o haber escogido incorrectamente, olvidándose que la espontaneidad planificada no existe. Al equiparar lo que vale a sus fracasos o éxitos se está condenando eternamente a no tener seguridad.

Escorpión: están motivados por su deseo de crecer y siempre que les dan la opción para hacerlo, se sienten seguros de sí mismos. No tienen espacio para sentir dudas.

Sagitario: no cree en las circunstancias, ellos van en busca de las circunstancias que quieren, y si no las encuentran las fabrican. Son seguros de sí mismos y están dispuestos a ser desaprobados por los demás porque confían en sus propias habilidades.

Capricornio: enmascaran su inseguridad siendo competitivos, pues así evitan sentirse fracasados. Tolera muy mal el fracaso y siempre justifica sus errores, en lugar de aceptarlos y aprender de ellos.

Acuario: no toleran que nada asociado a ellos sea menos que perfecto. Esta autoexigencia y búsqueda constante de una perfección que no existe es una expresión de inseguridad.

Piscis: padece de inseguridad personal, un tipo de inseguridad que se alimenta de la baja autoestima. Esta inseguridad es consecuencia de la toma de una decisión que generó consecuencias negativas, y de esta experiencia Piscis llego a la conclusión de que no puede confiar en sus criterios para tomar de decisiones.

La seguridad en nosotros mismos es sanadora, ya que estar seguro de quiénes somos y de nuestras capacidades permite que no estemos esclavizados a las opiniones de los demás, y a buscar constantemente el reconocimiento de otros. Es un proceso mediante el cual debemos valorar cada logro alcanzado, olvidándonos de las críticas negativas o manipulaciones de los demás, siempre apoyándonos en nuestras fortalezas.

Empieza a construir tu seguridad hoy mismo y veras lo bien que te sentirás.

Bibliografía

Algunas informaciones fueron extraídas de los libros publicados por las autoras: Amor para todos los Corazones, Dinero para todos los Bolsillos y Horóscopo 2022 y 2023.

Artículos escritos en el Nuevo Herald por una de las escritoras.

Acerca de los Autoras

Además de sus conocimientos astrológicos, Alina Rubi tiene una educación profesional abundante; posee certificaciones en Sicología, Hipnosis, Reiki, Sanación Bioenergética con Cristales, Sanación Angelical, Interpretación de Sueños y es Instructora Espiritual. Rubi posee conocimientos de Gemología, los cuales usa para programar las piedras o minerales y convertirlos en poderosos Amuletos o Talismanes de protección.

Rubi posee un carácter práctico y orientado a los resultados, lo cual le ha permitido tener una visión especial e integradora de varios mundos, facilitándole las soluciones a problemas específicos. Alina escribe los Horóscopos Mensuales para la página de internet de la American Asociation of Astrologers, Ud. puede leerlos en el sitio www.astrologers.com. En este momento escribe semanalmente una columna en el diario El Nuevo Herald sobre temas espirituales, publicada todos los domingos en forma digital y los lunes en el impreso. También tiene un programa y el Horóscopo semanal en el canal de YouTube de este periódico. Su Anuario Astrológico se publica todos los años en el periódico "Diario las Américas", bajo la columna Rubi Astrologa.

Rubi ha escrito varios artículos sobre astrología para la publicación mensual "Today's Astrologer", ha impartido clases de Astrología, Tarot, Lectura de las manos, Sanación con Cristales, y Esoterismo. Tiene videos semanales sobre temas esotéricos en su canal de YouTube: Rubi Astrologa. Tuvo su propio programa de Astrología trasmitido diariamente a través de Flamingo T.V., ha sido entrevistada por varios programas de T.V. y radio, y todos los años se publica su "Anuario Astrológico" con el horóscopo signo por signo, y otros temas místicos interesantes.

Es la autora de los libros "Arroz y Frijoles para el Alma" Parte I, II, y III, una compilación de artículos esotéricos, publicada en los idiomas inglés, español, francés, italiano y portugués. "Dinero para Todos los Bolsillos", "Amor para todos los Corazones", "Salud para Todos los Cuerpos, Anuario Astrológico 2021, Horóscopo 2022, Rituales y Hechizos para el Éxito en el 2022, Hechizos y Secretos, Clases de Astrología, Rituales y Amuletos 2023 y Horóscopo Chino 2023 todos disponibles en cinco idiomas: inglés, italiano, francés, japonés y alemán.

Rubi habla inglés y español perfectamente, combina todos sus talentos y conocimientos en sus lecturas. Actualmente reside en Miami, Florida.

Para más información pueden ***visitar el website***
www.esoterismomagia.com

Alina A. Rubi es la hija de Alina Rubi. Actualmente estudia psicología en la Universidad Internacional de la Florida.

Desde niña se interesó en todos los temas metafísicos, esotéricos, y práctica la astrología, y Kabbalah desde los cuatro años. Posee conocimientos del Tarot, Reiki y Gemología. No solo es autora, sino editora juntamente con su hermana Angeline A. Rubi, de todos los libros publicados por ella y su mamá.

Para más información pueden contactarla por email: ***rubiediciones29@gmail.com***

www.ingramcontent.com/pod-product-compliance
Lightning Source LLC
LaVergne TN
LVHW080042170826
845677LV00024B/1378

* 9 7 9 8 8 3 8 9 9 7 1 7 3 *